AF220816

So lebt

Prag

*Der perfekte Reiseführer für einen unvergessli-
chen Aufenthalt in Prag inkl. Insider-Tipps, Tipps
zum Geldsparen und Packliste*

Esther Blumenberg

✈ INHALT

Das erwartet Sie in diesem Buch

WARUM IST PRAG DAS PERFEKTE URLAUBSZIEL FÜR JEDERMANN?

„Die Seele der Stadt offenbart sich in der Herzlichkeit ihrer Einwohner."-Urlauberin (52)

"Cheap beer, cheap food, cheap fun!" – Austauschstudentin (20)

"In dieser Stadt wird es niemals langweilig" – Urlauberin (25)

„Zu jeder Jahreszeit offenbart die Stadt neue Besonderheiten" – Urlauberin (23)

Als Stadt mit einem unverkennbaren Charme, der sich nicht nur in verwinkelten Gassen, gemütlichen Kneipen und beeindruckenden Architekturen, sondern auch in der Gastfreundlichkeit und Belebtheit der Stadt widerspiegelt, stellt Prag ein hervorragendes Reiseziel für jede Altersgruppe dar.

Mit rund 1.3 Millionen Einwohnern[1] beherbergt die Stadt wohl alles, was man sich von einer Großstadt wünschen kann, und trotzdem sind die Hektik und Ungemütlichkeit einer typischen Großstadt hier nicht zu spüren. Trotz Straßen voller Touristen und unübersichtlichem Straßenverkehr geht die Entspanntheit und Harmonie des Prager Lebens nicht verloren. Sowohl die Herzlichkeit der Einwohner als auch die alten und prunkvollen Bauwerke der Stadt tragen hierzu nicht unwesentlich bei. Das Motto „Best of both worlds" spiegelt sich in dieser Stadt daher perfekt wider.

Wer einen Urlaub in Prag plant, stößt sicherlich sofort auf die berühmte Karlsbrücke und die prunkvolle Prager Burg. Dass sich ein Besuch dieser beeindruckenden Bauwerke lohnt, lässt sich nicht abstreiten. Wer jedoch tiefer in das wahre Leben Prags eintauchen möchte, kann sich von einem breiten Spektrum an Möglichkeiten begeistern lassen. Von interessanten Besonderheiten der Stadt über abenteuerliche Attraktionen und Aktivitäten hin zu Genuss und Entspannung – hier ist alles dabei. In diesem Ratgeber werden die berühmten Sehenswürdigkeiten der beliebten Urlaubsstadt nicht zu kurz kommen und ein Besuch dieser ist zweifellos lohnenswert. Dennoch ist die Auswahl an Reiseratgebern, die sich nur auf stereotypische Touristen als Zielgruppe konzentrieren, enorm groß, während persönliche Berichte und Erfahrungen oft zu kurz kommen.

Dieser Ratgeber richtet sich an alle, die nicht nur stumpf alle bekannten Sehenswürdigkeiten abklappern wollen, sondern Teil der Einheimischen sein möchten. An alle, die das Flair und die Traditionen der Stadt selber erleben wollen, anstatt sich nur von Luxus und Attraktionen berieseln zu lassen. An alle, die nicht nur Besucher, sondern Teil der Stadt sein wollen!

Bevor die Reise losgeht

WELCHE UNTERKUNFT PASST ZU MIR?

Dieser Ratgeber richtet sich an alle, die dem reinen Luxus des Reisens den Rücken gekehrt haben und in das wahre Leben der Stadt eintauchen möchten. Wenn Sie nach einem luxuriösen 5-Sterne Hotel suchen, werden Sie hier nicht fündig. Die folgenden Unterkünfte vereinen moderne, interaktive und gemütliche Hostels und Hotels, von denen jedes seine eigenen Besonderheiten mitbringt. Alle, die sich auf Begegnungen mit Menschen aller Art freuen, werden hier mit Sicherheit die perfekte Unterkunft für sich finden.

MeetMe23-Hostel und -Hotel

Dieses Hostel bzw. Hotel werden Sie in der Art wohl nicht nochmal finden[2]. Die Atmosphäre zeichnet sich durch ihre moderne Originalität aus, welche sich vor allem in der Einrichtung und in der Vielseitigkeit der Bewohner widerspiegelt.

Ob Sie mit Freunden oder Partner reisen, spielt keine Rolle: Die Unterkunft bietet jede Art von Übernachtung an. Hier können nicht nur Hostelzimmer jeder Größe, sondern auch Hotelzimmer und Dachgeschoss-Appartements gebucht werden. Alle Zimmer hier verfügen über ein eigenes Bad.

Die Preise sind hier abhängig von der Art der Buchung und der Anzahl der Personen. Zwischen 17 Euro pro Nacht für ein Bett im Sechsbett- Zimmer und 60 Euro für ein Einzelzimmer ist hier alles dabei.

Die eigene Bar des MeetMe23[3] ist abends immer gut gefüllt und bietet selbstverständliche die besten tschechischen Biere, während das hauseigene Restaurant nicht nur die tschechischen Klassiker, sondern auch internationale Küche anbietet. Die Unterkunft ist zentral gelegen (Prag 1) – Wenzelsplatz und Hauptbusbahnhof sind mit einem fünfminütigen Fußmarsch bequem erreichbar. Wer sich von der Originalität dieses modernen Hostel-Hotels überzeugen lassen möchte, kann die Unterkunft virtuell besichtigen.

Sophie's Hostel

Sophie's Hostel[4] stellt ein klassisches Hostel dar, das Gemütlichkeit und Modernität vereint[5].

Die Unterkunft ist perfekt für junge Leute, die die interaktive Hostel-Erfahrung machen möchten und trotzdem auf ruhigen Schlaf und Sauberkeit Wert legen. Das Hostel liegt zentral und der Wenzelsplatz ist schnell zu Fuß erreichbar. Trotz der zentralen Lage wird der Lärm der Stadt nicht zu dieser kleinen, ruhigen Nebenstraße durchdringen.

Von privaten Einzelzimmern über Gruppenzimmer bis hin zu Apartments ist hier alles dabei. Wer günstig wohnen möchte, kann sich für 18 Euro ein Bett in einem Gruppenzimmer buchen. Möchten Sie mit Ihrem Partner Zweisamkeit genießen? Kein Problem – für etwa 70 Euro pro Nacht können Sie ein privates Doppelzimmer buchen.

Czech Inn Hostel

Ebenfalls modern und gemütlich: Das Czech Inn Hostel[6] ist die perfekte Unterkunft für den kleineren Geldbeutel. Ein Bett im Gruppenzimmer ist hier schon für 8 Euro pro Nacht verfügbar. Der Preis spiegelt sich zwar in der Lage wider (die Unterkunft liegt in Prag 10), aber in maximal 15 Minuten ist mit öffentlichen Verkehrsmitteln auch hier alles erreichbar.

Alle, die sich etwas mehr Privatsphäre wünschen, müssen zwar etwas mehr Geld einplanen. Dennoch bietet diese Unterkunft immer noch vergleichsweise günstige Privatzimmer an.

WAS SOLLTEN SIE VOR DER REISE MACHEN?

Auch wenn Sie ein Mensch sind, der gerne alles auf sich zukommen lässt: Ein paar kleine Dinge können schon vor der Reise ohne viel Aufwand getan werden und erleichtern Ihnen den Alltag in der neuen Stadt enorm. Hier finden Sie einige hilfreiche Apps, die Sie vor der Reise auf Ihrem Smartphone installiert haben sollten.

Die Offlinekarten-App Mapy.cz

Mapy.cz ist eine Offlinekarten-App[7]. Ein Stadtplan von Prag kann schnell heruntergeladen werden und die Navigation durch die App ist intuitiv. Besonders für diejenigen unter Ihnen, die keine grenzenlosen mobilen Daten zur Verfügung haben, ist diese App perfekt. Und sie kann noch viel mehr: Die Planung einer Tour, Ausflugtipps und Informationen zu Sehenswürdigkeiten können mit einem einzigen Klick aufgerufen werden und erleichtern Ihnen die Planung Ihres Ausflugs erheblich.

Die Verkehrsplan- App Jízdní Řády

Egal ob Sie nur einen Tag oder mehrere Wochen in Prag verbringen: Die öffentlichen Verkehrsmittel, zu denen Metro, Tram und Busse gehören, werden Sie mit ziemlich hoher Wahrscheinlichkeit nutzen.

Die Verkehrsplan-App Jízdní Řády[8] ist die beste ihrer Art, um am schnellsten von einem Ort zum anderen zu kommen. Die Bedienung ist leicht und alle Optionen der Verkehrsmittel können angezeigt werden, sodass die schnellste Möglichkeit sofort erkennbar ist. Zu der Benutzung von Metro, Tram und Bussen sowie zum Erwerb eines Fahrscheins erfahren Sie im nächsten Abschnitt mehr.

Die Taxi-App Liftago

Ein wichtiger Hinweis für alle, die auch planen, das Prager Nachtleben auszukosten: Die letzte Metro fährt in Prag etwa um 0:00 Uhr, während die Frequenz des Tram-Verkehrs reduziert wird. Wer nun nicht länger als 15 Minuten warten möchte, sollte sich definitiv die Taxi-App Liftago[9] installieren. Hier werden nicht nur die Bewertungen der Fahrer angezeigt, sondern auch direkt der Preis für die gewünschte Strecke.

Tipps und Tricks

GELD – WIE SIE IHR GELD VOR ORT WECHSELN

In Tschechien wird mit Tschechischen Kronen (CZK) bezahlt. Nach dem aktuellen Wechselkurs (Stand: 30.03.2020) bekommen Sie für 1 Euro umgerechnet 27 CZK[10].

Auch wenn es zunächst einfacher klingt: Wechseln Sie Geld nicht bei Ihrem Geldinstitut in Deutschland. Tschechische Kronen müssen in der Regel erst geliefert werden und bringen somit Liefergebühren mit sich.

Außerdem: In Prag können Sie fast überall problemlos mit Karte bezahlen. Eine Kreditkarte eignet sich am besten. Sollten Sie aber die Girocard Ihres Geldinstitutes benutzen, werden Sie beim Geld abheben Transaktionsgebühren bezahlen. Diese können je nach Automaten und Geldinstitut zwischen 4 und 6 Euro liegen[11]. Daher heben Sie – wenn es unbedingt sein muss – größere Mengen auf einmal ab, um so wenig Gebühren wie möglich bezahlen zu müssen. Sogenannte ATMs werden Sie sowohl bei Ihrer Ankunft als auch in der ganzen Stadt vermutlich häufiger sehen. Diese sollten zum Geld abheben unbedingt vermieden werden, da die Gebühren häufig hoch sind.

Die gleiche Vorsicht gilt für Wechselstuben. Selbst wenn der Wechselkurs der Leuchtreklame fair klingt, werden Sie diesen in den seltensten Fällen erhalten. Oft steht klein gedruckt auf dem Beleg ein niedrigerer Wechselkurs und Sie verlieren bis zu 40 % ihres Geldes.

Wer schon mal eine ausländische Währung benutzt hat, kennt das Problem: Preise in die eigene Währung umzurechnen, dauert oft ein bisschen. Sie wollen schnell bezahlen und wissen, ob das Angebot fair ist? Installieren Sie sich im Voraus einen Währungsrechner oder schreiben Sie sich ein paar Umrechnungen auf.

Hier ein paar Eindrücke, die Ihnen verhelfen sollten, ein Gefühl für die tschechische Währung zu bekommen, ohne dass Sie übers Ohr gehauen werden: für 100 CZK (3,6 EUR) sollten Sie mindestens zwei Bier bekommen. Für einen Restaurantbesuch mit einem Gericht und einem Getränk sollten Sie maximal 500 CZK (18,3 EUR) bezahlen müssen. Wenn Sie jedoch Geld sparen möchten, finden Sie in diesem Ratgeber einige Tipps für Restaurants, welche viel weniger Geld für eine gute tschechische Mahlzeit nehmen.

ANKUNFT – DER BESTE WEG ZU IHRER UNTERKUNFT

Im Gegensatz zu den unübersichtlichen Flughäfen und Verkehrsplänen vieler anderer Länder und Städte werden Sie in Prag die Einfachheit der öffentlichen Verkehrsmittel zu schätzen lernen. Ein Taxi lohnt sich hier kaum - mit Tram, Metro und Bus kommt man hier schnell überall hin.

Ein einziges Ticket kann hier für alle öffentlichen Verkehrsmittel benutzt werden. Am besten kaufen Sie sich direkt bei der Ankunft ein Ein- oder Drei-Tages Ticket, denn nicht an jeder Metro- oder Tram-Station gibt es die Möglichkeit, ein Ticket zu kaufen. Für Stationen, die nicht zentral oder verbindend sind, müssen Sie auf Kioske zurückgreifen, welche im schlimmsten Fall außerhalb der Station liegen. Auf den Ticketautomaten innerhalb der Metro-

Stationen finden Sie grüne sowie blaue Tasten als Auswahlmöglichkeit. Mit den grünen Tasten können Sie nur ermäßigte Tickets für Kinder erwerben. Wenn Sie ein Ticket für 24 CZK (0,86 EUR) kaufen, können Sie damit alle Verkehrsmittel für 30 Minuten benutzen. Für 90 Minuten bezahlen Sie 32 CZK (1,2 EUR) und für ein ganzes Tagesticket bezahlen Sie 110 CZK (3,9 EUR). Dieses Ticket für einen ganzen Tag ist das am längsten geltende Ticket, das am Automaten erworben werden kann. Für ein Ein-Tages-Ticket müssen Sie einen Kiosk aufsuchen. Ein weiterer Hinweis: An den Ticketautomaten können Sie nur mit Münz-Bargeld bezahlen. Wenn Sie Scheine bei sich tragen, wird Ihnen das Geld ungern kleingemacht und Sie müssen eine Kleinigkeit kaufen, um Münzen zu erhalten.

Außerdem sollten Sie nie eine Metro-Station ohne gültiges Ticket betreten. Kontrolleure sind hier nicht selten und selbst ein Betreten der Haltestellen ist ohne Ticket nicht erlaubt. Und vergessen Sie nicht, Ihr Ticket vor Betreten der Station an den Automaten abstempeln zu lassen. Ein nicht validiertes Ticket wird genauso bestraft wie ein fehlendes Ticket.

Die Metro lässt sich in drei Linien (gelb, rot, grün) aufteilen, die sich an drei zentralen Stationen kreuzen: Diese sind das Innenstadt-Zentrum Můstek, der Flughafen Muzeum, sowie der Busbahnhof Florenc. Sollte es keine Direktverbindung zu Ihrem Ziel geben, können Sie an diesen Stationen umsteigen oder zur Tram wechseln.

FREUNDLICHKEIT – WIE SIE DEN EINWOHNERN BEGEGNEN SOLLTEN

Eigentlich logisch, aber dennoch oft vergessen: Die Tschechen - sowie alle anderen auch – begrüßen es sehr, wenn man sie mit ein paar Versuchen der tschechischen Sprache begrüßt. Wenn auch nur einzelne Worte oder eine kurze Bestellung: Es ist immer ein Zeichen von Freundlichkeit und Respekt, sich die Mühe zu geben und den Einheimischen in der eigenen Sprache entgegenzukommen.

Deshalb: Eine kleine Recherche und ein Zettel mit den wichtigsten Worten und Sätzen wie „Guten Tag", „Danke", und „Ein Bier bitte!" führen immer zu einem kleinen Lächeln! Diese Worte und Sätze sollten Sie beherrschen:

Guten Tag!	= Dobrý Den!
Auf Wiedersehen!	= Na shledanou!
Danke!	= Děkuji!
Bitte!	= Prosím!
Entschuldigung!	= Pardon!
Ein Bier, bitte!	= Pivo Prosím!

TOURISTENFALLEN UND TIPPS

Wie in jeder anderen Großstadt auch sollten Sie sich vor Ihrer Reise einige Dinge merken, um klassischen Touristenfallen zu entgehen. Um Ihr Geld nicht sinnlos zu verschenken, sind in diesem Abschnitt die häufigsten Touristenfallen und Wege, diese geschickt zu umgehen, erklärt. Abgesehen von ATMs und Wechselstuben gibt es noch andere Fallen, auf die Sie nicht hereinfallen sollten.

Kiosks vs. Supermarkt
Trotz der vergleichsweise günstigen Essens-Möglichkeiten in Tschechien erlaubt es die Urlaubskasse nicht immer, jede Mahlzeit in einem Restaurant zu sich zu nehmen. Sollten Sie sich dafür entscheiden, selber kochen oder möchten Sie nur eine Kleinigkeit essen, dann ist dies notwendigerweise mit einem Supermarktbesuch verbunden. So einfach es doch

scheint, einen der kleineren Kioske und Supermärkte in den Hauptstraßen der Altstadt zu betreten: Hier werden Sie kein Geld sparen! Suchen Sie
sich lokale Supermärkte aus, die sich nicht im unmit-
telbaren Zentrum der Stadt befinden. In Albert-,
Billa- und Lidl- Filialen können Sie immer bedenken-
los Lebensmittel zu kleinen Preisen einkaufen.

Essensstände

Auf dem Altstädter Ring finden Sie das ganze Jahr
über zahlreiche Stände, welche einen himmlischen
Duft verbreiten. So sehr diese Sie auch in Versu-
chung bringen: Gerade an dieser Location sollten Sie
es vermeiden, Essen an einem Stand zu kaufen. Oft
wird mit verlockend günstigen Preisen geworben.

Aber achten Sie auf das Kleingedruckte! Dort
steht, dass der angegebene Preis für 100 Gramm Ge-
wicht gilt. Manchmal ist dieser Hinweis gar nicht an-
gegeben und wird erst bei der viel zu hohen Bezah-
lung erklärt. Die Verkäufer geben Ihnen oft so viel sie
können und verlangen dann beispielsweise für eine
riesige Portion Sauerkraut- Nocken bis zu 40 Euro.

Stadttouren

Buchen Sie keine Städtetouren in der Stadt! Hier können Sie mal eben bis zu 100 Euro für eine Führung durch Prag bezahlen. Außerdem werden Sie so zwar die wichtigsten Sehenswürdigkeiten zu Gesicht bekommen, aber die wunderschönen und interessanten Orte abseits der Massen werden hier nicht gezeigt.

Oft sind Stadttouren stark danach ausgerichtet, sehr viel historisches Wissen über die Bauwerke zu vermitteln, sodass die Zeit nur für wenige Sehenswürdigkeiten ausreicht. Suchen Sie sich lieber selbst Ihre Lieblingsorte, die Sie nicht verpassen wollen, aus und informieren sich online über deren Geschichte.

Autotouren

Historische Autos, Busse und Kutschen lohnen sich nicht – Prag lässt sich ohne Probleme zu Fuß zu besichtigen und viele Orte, die auf den Strecken liegen, sollten Sie nicht verpassen. Wenn Sie laufen, können Sie einen Zwischenstopp einlegen, wo immer Sie möchten.

Und sollte Ihnen der Weg zum nächsten Ziel doch zu lang dauern, nehmen Sie lieber die Metro oder die Tram. Für eine Autotour in einem Oldtimer bezahlen Sie bis zu 150 Euro für 90 Minuten.

Außerdem sind die angeblich historischen Autos oft neue Wagen, welche nur nach dem Aussehen eines Oldtimers designt wurden.

Souvenirs

Die Karlova ulice (Karlsstraße) verbindet den Altstädter Ring und die Karlsbrücke. Hier finden Sie Souvenirläden und Thaimassage-Läden dicht aneinandergereiht. Da wohl die meisten Touristen diese Straße mindestens einmal betreten, ist es eigentlich logisch, dass Sie hier besser keine Souvenirs für Ihre Liebsten daheim besorgen sollten. Anstatt überteuerte Souvenirs zu kaufen, gehen Sie in den Shop der Karls-Universität[12].

Hier finden Sie hochwertigere Souvenirs, zum Beispiel den Universitätspullover, zu kleinen Preisen. Ein Pullover mit dem Logo der Karls-Universität bekommen Sie hier für umgerechnet etwa 17 Euro, während Sie in einem der Souvenirläden bis zu 50 Euro für ein ähnliches Kleidungsstück bezahlen.

Toiletten

Ein immer wiederkehrendes Problem, das so schnell wieder vergessen ist, wie es gelöst wird: Wo können Sie in einer fremden Stadt auf die Toilette gehen, ohne am Ende in einer unsauberen und viel zu teuren Kabine zu landen? Zunächst sollten Sie, sobald

Sie in einer Gaststätte einkehren, die Gelegenheit zu einem kostenlosen Toiletten-Besuch nutzen. Da dies oftmals nicht möglich ist, gilt es die folgenden Orte im Zentrum der Stadt aufzusuchen.

Bis 20 Uhr können Sie kostenlos eine saubere Toilette in der Prager Stadthalle benutzen. Auch die Toiletten der Karls -Universität in der Altstadt sind kostenlos und sauber.

Es klingt vermutlich überraschend, aber auch die zentrale Metrostation Můstek bietet saubere Toiletten an. Hier bezahlen Sie allerdings 10 CZK (36 Cent) für den Eintritt.

Öffentliche einzelne Toilettenkabinen, welche sich auf offener Straße befinden, sind oftmals sehr dreckig und zudem bezahlen Sie etwa 10 CZK. Doch auch in Einkaufszentren wie dem Palladium sollten Sie die überteuerten Toiletten vermeiden.

Wasser

Generell ist das Wasser aus der Leitung in Prag trinkbar und erfüllt die EU-Richtlinien zur Trinkwasserqualität[13]. Da es den Wasserwerken freisteht – zumindest bis zu einem gewissen Grenzwert – Chlor in das Trinkwasser zu geben, kann es vorkommen, dass das Wasser aus der Leitung einen leichten Chlorgeruch aufweist. Dies ist aber unbedenklich. Auch wenn in Großstädten für fast alles Geld verlangt wird: In Prag können Sie an einigen Stellen kostenlos Trinkwasser-Spender benutzen. Einen solchen finden Sie beispielsweise in der Goldenen Gasse der Prager Burg oder in vielen Parks der Stadt. Auch in den Unterkünften ist das Wasser aus den Hähnen trinkbar.

Alkohol und Drogen

Das Konsumieren von Alkohol in der Öffentlichkeit ist in Prag verboten[14]. Außerdem gilt eine 0.00 Promillegrenze für das Bedienen jeglicher Fahrzeuge. Der Besitz von illegalen Drogen wird hier mit bis zu 600 Euro Bußgeld bestraft.

Was Sie nicht verpassen sollten

SEHENSWÜRDIGKEITEN & IHRE GESCHICHTE

Bevor Sie sich wahllos auf Ihre Stadttour durch Prag begeben, ist es sehr empfehlenswert, sich vorher über die wichtigsten und interessantesten Bauwerke zu informieren. So werden Sie nicht von der Menge der beeindruckenden und anscheinend wichtigen Paläste, Kirchen und Monumente überwältigt. Hierfür sind im Folgenden die wichtigsten Fakten über die Prager Wahrzeichen zusammengefasst. Empfehlenswert ist, die Stadttour selbst zu planen. Auf diese Weise können Sie Ihre persönlichen Lieblingsorte besuchen und außerdem eine Menge Geld sparen. Wer sich diese Mühe nicht machen möchte, zudem ein großes Interesse an den bekanntesten Sehenswürdigkeiten hat und so viel es geht auf einmal sehen und erfahren möchte, der kann natürlich eine Stadttour zu buchen.

Oft ist der einfachste Weg, direkt in Ihrer Unterkunft nachzufragen. Vor allem in Hostels mit jungen Besuchern sind die Stadtführungen an die Altersgruppen angepasst. Dort werden Sie selten erleben, dass lediglich alle Sehenswürdigkeiten gepaart mit einer zu großen Menge an Informationen nacheinander abgeklappert werden. Bei diesen Führungen werden lustige und interessante Nebenfakten und die wichtigsten Informationen auf den Punkt gebracht und an Sie weitergegeben.

Das Beste daran: Die Stadttouren der Hostels sind oft kostenlos und die aufgeschlossenen und freundlichen Tourguides nehmen nur eine kleine Spende. Bietet Ihr Hostel keine Stadttouren an, können Sie sich einfach der Stadttour einer anderen Unterkunft anschließen. Hierfür einfach in anderen Unterkünften nach Zeit- und Treffpunkt fragen.

Karlsbrücke (Karlův most)

Starten wir direkt mit dem bekanntesten Merkmal der Stadt Prag. Die Karlsbrücke ist zwar eine von vielen Brücken, über die man die Moldau, die durch das Zentrum der Stadt fließt, überqueren kann.

Sie ist jedoch die älteste und prunkvollste der Brücken. Sie wurde im Jahr 1402 von Karl VI. fertiggestellt und verbindet die Altstadt (Staré Mesto) mit der Kleinseite (Malá Strana)[15]. Die Karlsbrücke erstreckt sich über 516 Meter und wird von 16 Pfeilern gestützt.

Wer die Karlsbrücke besichtigen möchte, ohne sich zwischen den rund 3.0000 täglichen Besuchern wiederzufinden, sollte dies am besten für den frühen Morgen oder die Nacht einplanen. Betritt man die Brücke von der Altstadt aus, durchquert man zunächst den Altstädter Brückenturm. Viele bestaunen die gotische Architektur der Brücke und der Türme zwar, laufen aber an der kleinen Tür im Inneren des Turms vorbei.

Wenn Sie dem Trubel der Touristen entkommen möchten und die Moldau mit einer schönen Aussicht bestaunen wollen, sollten Sie definitiv einen kleinen Abstecher machen. Für rund 100 CZK (3,6 EUR) dürfen Sie den Turm betreten und können nicht nur den Ausblick von oben genießen, sondern auch den

Keller mit einer Sammlung an historischen Fundstücken rund um die Brücke bestaunen.

Die Prager Burg (Pražský hrad)

Wenn Sie die Karlsbrücke von der Altstadt aus überqueren, haben Sie vielleicht die Prager Burg als nächstes Ziel im Kopf[16]. Hier gilt dasselbe wie für die Brücke: Je früher Sie diese besuchen, desto weniger Touristen tummeln sich hier. Auch bei Nacht ist der Ausblick auf die Stadt beeindruckend und die Besucherzahlen halten sich in Grenzen.

Wenn Sie nicht den ganzen Weg von der Altstadt zur Burg laufen möchten, nehmen Sie die grüne Metro-Linie bis zur Station Malostranská. Von hier aus brauchen Sie nur noch etwa 10 Minuten bis zum Schloss.

Rund 1,42 Millionen Menschen pro Jahr besuchen die Residenz des tschechischen Präsidenten.[17] Nachdem die Burg im Jahr 880 gegründet wurde und etwa 1470 fertiggestellt wurde, zog der erste Präsident im Jahr 1918 in die Burg ein. Das Anwesen befindet sich auf dem Berg Hradschin und bildet das Zentrum der Stadt.

Auf dem Gelände der Burg könne Sie verschiedenste beeindruckende Bauwerke bestaunen. Unter anderem den Veitsdom – die Krönungskirche und Grabstätte der böhmischen Könige, natürlich den Königpalast, der früher für Regierungssitzungen, Krönungen und Turniere genutzt wurde oder die St. Georgs-Basilika mit den Türmen Adam und Eva.

Den Veitsdom, der bis 17:00 Uhr geöffnet ist, können Sie kostenlos betreten.

Das Außenareal der Burg können Sie zur Sommerzeit von 6:00 bis 22:00 Uhr bestaunen, während der Eintritt zum Inneren der Burg täglich von 9:00 bis 17:00 Uhr möglich ist. Das Außengelände der Burg können Sie kostenlos betreten. Kleine Aufpreise werden im Inneren für das Betreten des Königpalasts, der St. Georgs-Basilika und für Ausstellungen genommen. Wenn Ihnen das zu teuer ist, hier der Geheimtipp: Der Eintritt zur goldenen Gasse ist ab 17:00 Uhr frei, was Ihnen den Preis von 10 Euro erspart. Aber aufgepasst: Nicht wenige wissen von diesem Trick, daher kommen Sie am besten nicht um Punkt 17:00 Uhr, sondern etwas später. Wenn Sie nichts davon verpassen wollen, bietet sich ein Rundgang für etwa 10 Euro an.

Ein interessantes Schauspiel können Sie zu jeder vollen Stunde beobachten, wenn der Wachpostenwechsel stattfindet.

Altstädter Ring (Staroměstské náměstí)

Der Altstädter Ring ist der älteste Platz Prags und liegt im historischen Zentrum der Stadt. Er ist im 12. Jahrhundert entstanden und bietet Platz für einige wichtige und prunkvolle Bauwerke. Das auffälligste Gebäude auf dem Platz ist wohl die Teynkirche – die Kirche der Jungfrau Maria vor dem Teyn, - mit ihren Türmen Adam und Eva. Wer sich die Türme einmal genauer ansieht, wird feststellen, dass einer der Türme ein wenig schmaler ist als der andere. Der Grund dafür ist, dass der nördliche Turm nach zwei Bränden im 17. und 19. Jahrhundert restauriert wurde[18].

Altstädter Rathaus und die Astronomische Uhr (Orloj v Praze)

Ein weiteres beliebtes Kunstwerk auf dem riesigen Platz ist die Altstädter Astronomische Uhr, welche sich an der Südmauer des Altstädter Rathauses befindet. Sie besitzt Zeiger, die den Stand der Sonne über das Jahr, die aktuelle Mondphase und in welchem Sternzeichen die Sonne steht, anzeigen. Geschmückt ist die Uhr mit verschiedenen Figuren, welche den Sensenmann und die zwölf Apostel darstellen. Zu jeder vollen Stunde sammeln sich hier die Touristen, um zu beobachten, wie sich die Figuren in Bewegung setzen[19].

Der Wenzelsplatz (Václavské náměstí)

Der Wenzelsplatz ist mit 700 m Länge einer der größten Plätze Europas. Hier befindet sich auch eine der zentralen Metrostationen, die Station Můstek. Auf dem Platz befinden sich Märkte, die man an vielen Tagen besuchen kann. Auch Geschäfte sind dort ansässig und es gibt das Wenzelsdenkmal zu bestaunen, während am oberen Ende das prunkvolle Nationalmuseum zu besuchen ist[20].

Pulverturm (Prašná brána)

Wenn Sie vom Wenzelsplatz der Straße Na Prikopé folgen, kommen Sie am Prager Pulverturm vorbei. Dieser wurde 1475 erbaut und bildet den Eingang zur Altstadt. Seinen Namen hat der Turm, da früher Schießpulver in dessen Räumen gelagert wurde. Im Inneren kann eine Ausstellung über den Turm besucht werden[21].

Das jüdische Viertel (Josefov)

Das jüdische Viertel mit seinen prunkvollen Synagogen wird gerne von Touristen besichtigt, da es Teil der wichtigen historischen Ereignisse des 2. Weltkrieges ist. Viele Denkmäler sind noch sehr gut erhalten, da Hitler damals ein Museum für ausgerottete Rassen errichten wollte. Für etwa 300 CZK können Sie sowohl viele der Synagogen als auch den alten jüdischen Friedhof besichtigen. Ein Tipp, um den langen Warteschlangen an den Kassen zu entgehen: Tickets für die Synagogen können Sie auch bei einem Buchhändler in der Nähe des jüdischen Friedhofs kaufen[22].

RESTAURANTS, CAFÉS & TSCHECHISCHE CUISINE

Die tschechische Cuisine ist sicherlich etwas für diejenigen unter Ihnen, die gern Fleisch essen, da dies ein Hauptbestandteil vieler Gerichte ist. Nachfolgend werden die wichtigsten traditionellen Gerichte beschrieben, aber keine Sorge – auch für den Vegetarier und Veganer wird etwas dabei sein.

Je weiter entfernt vom Zentrum, desto besser die Qualität der Speisen – so lautet eine gängige Regel. Dennoch ist es gerade für Besucher und Urlauber oft angenehmer, schöne Plätze nahe am Geschehen in der Innenstadt zu besuchen.

In diesem Abschnitt wurden daher Restaurants, Bistros, Bars und Cafés zusammengetragen, welche allesamt die traditionellen tschechischen Gerichte zu guten Preisen, in bester Qualität und zentral gelegen anbieten. Alle Plätze sind auf ihre Art besonders und bieten von tschechischer Cuisine über außergewöhnliche vegane Gerichte bis hin zu Kuchen und Eis alles an. Seien Sie sich sicher – hier ist für jeden etwas dabei.

Trdlo - Baumstriezel

Sind Sie auf Ihrer Stadttour durch Prag unterwegs, wird Ihnen schnell ein immer wiederkehrender Stand auffallen, dessen Angebot einen Haufen hungriger Menschen anlockt und noch dazu unwiderstehlich duftet. Trdlo oder auch Trdlník ist das tschechische Pendant zum klassischen Baumstriezel, wie er auch auf manchen deutschen Weihnachtsmärkten zu finden ist.

Ursprünglich kommt das beliebte Gebäck aus Ungarn und hat eigentlich nichts mit der tschechischen Cuisine zu tun. Aber: Wer gerne süß ist, darf sich das leckere Hefeteiggebäck nicht entgehen lassen. Ob mit Nutella, Eis, Früchten oder Sahne gefüllt, hier ist für jeden etwas dabei. Der Preis variiert zwischen den zahlreichen Ständen, die Trdlnik anbieten, nicht stark, sodass man meistens mit 50 bis 60 CZK (2,5 bis 3 EUR) rechnen muss[23].

Svíčková – das Nationalgericht

Das Nationalgericht der Tschechen ist Svíčková, ein böhmischer Rinderbraten. Dieser wird klassisch mit Knödeln sowie Rot- oder Weißkraut serviert wird. Die Kartoffelknödel, genannt Vepřo knedlo zelo, werden auch als eigenes Gericht mit Sahne und Preiselbeeren serviert.

Sehr gutes Svíčková bekommen Sie im Next Door by Imperial[24]. Dort herrscht ein gemütliches Ambiente und die Bedienungen sind sehr freundlich. In diesem modernen Bistro bekommen Sie außerdem Frühstück und gute Weine. Dank der offenen Küche können Sie beobachten, wie Ihr Gericht zubereitet wird[25]. Direkt gegenüber befindet sich außerdem das Café vom gleichen Besitzer, das Café Imperial[26] – ein ebenfalls sehr beliebter Ort, um Kaffee, Kuchen oder auch herzhafte Gerichte zu genießen und gleichzeitig die prunkvolle Innenarchitektur zu bestaunen.

Restaurant Eska – klassisch-modern

Eska[27] ist ein modernes Restaurant, welches klassischen Gerichten einen neuen Glanz verleiht. Traditionelle Gerichte werden hier extravagant hergerichtet. So bekommen Sie hier beispielsweise eine Kartoffelsuppe, die auf eine ganz eigene Weise besonders schmeckt[28].

Restaurant Mlejnice – Guláš und tschechische Küche

Ein weiteres traditionelles Gericht der Tschechen in Guláš. Dieses können Sie an vielen offenen Restaurants in den Gassen Prags in einem Laib Brot serviert „to go" mitnehmen. Wer sich setzen möchte, um das gegarte Rindfleisch in einer dunklen Soße zu genießen, kann dies im Mlejnice tun[29]. Da das Restaurant innerhalb einer Holzmühle liegt, trägt die traditionelle Einrichtung aus Holz zu einer gemütlichen und besonderen Atmosphäre bei.

Entlang der Moldau finden Sie zahlreiche Restaurants und Bars aneinandergereiht, viele davon auf Booten. Das Ambiente mit Ausblick auf den Fluss ist hier besonders schön. Dennoch sollten Sie sich vorher gut über die Qualität und die Preise der Gerichte informieren. Da die romantische Atmosphäre der Boots-Restaurants viele Touristen anlockt, lauern hier häufig überteuerte Preise.

Restaurant Manes – Bootsrestaurant

Ein günstiges und qualitativ gutes Restaurant am Ufer der Moldau ist das Restaurant Manes[30], welches sowohl tschechische als auch französische Küche anbietet. Das Interieur ist elegant und modern und durch Kunstwerke an den Wänden kann man hier eine außergewöhnliche Atmosphäre genießen.

Außerdem bietet das Restaurant regelmäßig Live-Klaviermusik an. Ein Gericht bekommen Sie hier schon für umgerechnet etwa 7 bis 8 Euro.

Grand Café Orient - Kaffeehaus

Für den kleinen Hunger zwischendurch eignen sich Cafés am besten. Ein außergewöhnliches Ambiente und eine sehr freundliche Bedienung bekommen Sie im Grand Café Orient[31]. Trotz kubistischer Einrichtung ist die Atmosphäre in diesem Kaffeehaus sehr gemütlich. Hier werden Sie nicht viele Touristen, sondern vor allem Einwohner antreffen, was zu einer wesentlich entspannteren Kaffeepause beiträgt. Neben Frühstück oder kleineren Snacks, die beispielsweise aus Salaten, Baguettes oder Panini bestehen, kann man hier auch Pfannkuchen, Desserts, Kuchen und Eis genießen.

Styl und Interieur – Romantisches Café und Einrichtungsgeschäft

Diese Location ist nicht nur ein Café, sondern auch ein Geschäft für Wohnaccessoires[32]. Das Café bietet mit seinem Garten im Innenhof wohl eines der schönsten Ambiente, die man finden kann. Außerdem liegt es sehr zentral, direkt am Wenzelsplatz, sodass sich ein Abstecher, um den kleinen Hunger zu stillen und sich eine Erholung vom stressigen

Touristenleben zu gönnen, in diesem romantischen Café definitiv lohnt.

Vegetarisch und vegan

Für alle, die auf tierische Produkte verzichten möchten, hat Prag auch eine Auswahl an sehr guten vegetarischen und veganen Restaurants und Bistros.

Dhaba Beas – Vegetarisches Bistro

Aus einer vielseitigen Auswahl an vegetarischen Komponenten können Sie sich im Dhaba Beas Ihr Gericht selbst zusammenstellen[33]. Das Bistro befindet sich in der Nähe des Altstädter Rings. Ein Geheimtipp: Eine Stunde vor Schließung bekommen Sie hier alles für die Hälfte des Preises.

Green Factory - Salatbar

Wenn Sie gerne frische Salate essen, sollten Sie unbedingt die Green Factory bei Národní třída besuchen[34]. Die Auswahl an frischem Gemüse ist beeindruckend und der Salat wird direkt vor Ihrer Nase frisch zubereitet und nach Ihren Wünschen zusammengestellt. Bei schönem Wetter können Sie den Salat auch mitnehmen und draußen genießen.

Pastva – Veganes Restaurant

Das vegane Restaurant Pastva bietet nicht nur Gemüse und Salate, sondern auch verschiedene interessante Fleischersatz-Gerichte an[35]. Hier können Sie zum Beispiel sogenannte Blumenkohl-Wings probieren, welche die klassischen Chicken-Wings imitieren sollen.

Loving Hut – Veganes Restaurant

Ein sehr beliebtes internationales Restaurant und Café, das vegane Küche anbietet, ist das Loving Hut[36]. Dank der hohen Nachfrage gibt es mittlerweile drei Stellen in Prag, an denen Suppen, Salate, Sushi, Sommerrollen und vieles mehr angeboten wird. Das Angebot an frischen veganen Kuchen wechselt regelmäßig.

Crème de la Crème – Vegane Eisdiele

Für einen Nachtisch lohnt sich der Besuch im Crème de la Crème[37]. Hier bekommen Sie sehr cremiges, veganes Eis in verschiedenen Sorten. Aber auch Pfannkuchen oder Kuchen stehen auf der Speisekarte.

KNEIPEN & COCKTAILBARS

Tschechen sind unter anderem für ihr Bier bekannt. Die Biermarken Pilsner, Staropramen und Kozel werden Sie hier an jeder Ecke genießen können. Sie wollen nicht nur in einer x-beliebigen Touristen-kneipe einkehren, sondern dort das Prager Nachtle-ben genießen, wo die Einheimischen sich treffen?

Sie möchten nicht in die Touristenfalle geraten und vergleichsweise viel zu viel für Ihr Getränk be-zahlen? Sie möchten außergewöhnliche, moderne Bars besuchen, welche von jungen Leuten und Stu-denten gut besucht sind? Dann sollten Sie bei Ihrem Urlaub einen Abstecher in die folgenden Pubs und Cocktailbars fest mit einplanen.

Popo Café Petl – Pub
Ein Pub, der vor allem von jungen Einheimischen gut wird, ist Popo Cafe Petl. Die urigen Kellergewölbe mit verwinkelten Buchten, wo Sitzplätze, Bar und sogar eine kleine Tanzfläche mit Live-DJ zu finden sind, bilden eine rundherum gemütliche Atmo-sphäre. Ein Bier bekommt man hier günstig für et-was über 1 Euro. In diesem immer gut besuchten Pub wird man vor allem internationale Studenten antreffen.

Studentský klub Celetná - Studenten Bar

Der Eingang durch die große Holztür in Celetná 20 gibt von außen keinen Hinweis auf die weiträumige und gemütliche Kellerbar[38]. Aber keine Scheu – die Tür ist offen. Wenn Sie sich links halten und die Treppe hinunter in den Keller gehen, finden Sie die Bar. In den Mauern der Bar finden Sie nicht nur gemütliche Sitzplätze in verschiedenen Räumen, sondern auch einen Kicker.

Regelmäßig werden hier Livemusik und Pub-Quiz angeboten, welche immer sehr gut besucht sind. Die Besucher sind zumeist Einheimische, aber auch viele Erasmusstudenten kommen gern in diese Bar. Günstigeres Bier werden Sie kaum finden, hier bezahlen Sie 27 CZK (1 EUR) für ein Bier.

Vzorkovna - Dog Bar

Eine sehr besondere Location für ein paar Drinks am Abend bietet die Vzorkovna - Dog Bar in der Nähe der Station Národní třída. Beim Betreten der Bar durch eine kleine Tür, vorbei an einem Käfig, betritt man eine ganz neue Welt. Jeder der Räume in den Steinhöhlen hat eine eigene Atmosphäre und Besonderheit.

So kann man beispielsweise auf einer kleineren Höhle kurz unter der Decke von oben auf die Räume herabgucken. Auf der Bühne gibt es fast jeden Abend

Livemusik von unterschiedlichen Musikern. Ein Bier bekommt man in schönen, ausgefallenen Einmachgläsern und sollte man Lust haben, kann man an der Bar sogar Süßigkeiten kaufen. Aber nun zu dem, was der Dog Bar ihren Namen verliehen hat: In diesen Gemäuern sind zwei große, freundliche Hunde zu Hause, welche der Besitzer frei herumlaufen lässt.

Die Hunde sind an die Massen junger Menschen gewöhnt und lassen sich mit etwas Glück gerne streicheln. Diese Location ist auf jeden Fall sehr individuell und daher sehr beliebt bei vielen Einheimischen, aber auch bei jungen Leuten aus aller Welt.

Skautský Institut – Zentrale Cafébar

In diesem Café bekommen Sie alles, was Sie sich wünschen[39]: Durch die zentrale Lage in einem Eckgebäude direkt am Altstadtring haben Sie einen wunderbaren Ausblick auf die Veynkirche. Obwohl die Lage perfekt ist, tummeln sich hier aber vor allem Einheimische und nur wenige hektische Touristen finden diesen geheimen Ort. Das Beste: So günstiges Bier finden Sie in Verbindung mit dieser Lage nicht. Ein Bier bekommen Sie hier umgerechnet für nur 90 Cent – und das an einem der am besten besuchtesten Plätze in ganz Prag.

NACHTLEBEN

Karlovy Lázně – Zentral-Europas größte Disco

Fünf Etagen? Ja richtig gehört, Prag hat den größten Musikclub in ganz Zentral-Europa[40]! Jeder Etage hat hier ein anderes Motto: Im Erdgeschoss finden Sie den „Mainstream-Floor" mit einer bunten LED-Boden- sowie Deckenbeleuchtung der Tanzfläche. Für den extra Energieschub gibt es außerdem eine Sauerstoff-Bar, an der man sehr sauerstoffhaltige Getränke bekommt.

Die zweite Etage beherbergt den „Dance-Music-Floor". Beeindruckende Licht- und Soundeffekte sorgen hier neben Laser-Statuen für eine belebende und aufregende Atmosphäre. In der dritten Etage des Clubs finden Sie den „Oldies-Floor". Das Interieur ist im Retrostil, sodass die Tanzfläche von unten in einem bunten LED-Schachbrettmuster beleuchtet ist. Hier können Sie über Elvis Presley bis hin zu den Beatles zu den alten Klassikern tanzen.

Auf dem „Hip-Hop-Floor" können Sie eine beeindruckende Decken-Licht-Show bestaunen und währenddessen zu den besten Black-Music-Hits tanzen. Für eine Pause vom Tanzen eignet sich die oberste Etage mit ihrer „Chill-out-Area" bestens. Bei entspannter Musik können hier Drinks genossen werden, bevor es weitergeht. Die Disco liegt direkt an der Moldau und hat jeden Tag ab 21 Uhr geöffnet. Der Eintritt (Ca. 10 EUR) sowie die Getränke sind hier zwar vergleichsweise teuer, jedoch bekommen Sie eine solch vielseitige Disco-Erfahrung vermutlich nirgends sonst.

Pasáž Lucerna – Lucerna Music Bar

Wenn Sie touristisch ausgelegte Clubs wie das Karlovy Lázně vermeiden wollen, können Sie fast jede Nacht Partys oder Live-Konzerte in der Lucerna Music Bar besuchen[41]. Hier tummeln sowohl sich Einheimische als auch internationale Studenten. Der immer gut besuchte Club bietet eine belebte und harmonische Atmosphäre und mit etwas Glück können Sie hier sogar zu Live-Konzerte von kleinen nationalen sowie internationalen Berühmtheiten feiern.

Roxy Prague

Dieser Club zeichnet sich durch die Leidenschaft für Musik und das kunstvolle Ambiente aus[42]. Hier können Sie Tanzpartys oder Konzerte besuchen und zwischen jungen Leuten, unter denen auch viele Einheimische sind, eine kreative und multifunktionelle Location genießen. Von Neon-Partys, auf denen jeder Gast eine individuelle Gesichtsbemalung

bekommt, über instrumentale Livemusik bis zu loka-
len Rappern ist hier Abwechslung garantiert. Jeden
Dienstag, Donnerstag, Freitag oder Samstag kann
man in diesem Club in ein einzigartiges Musik-Erleb-
nis eintauchen.

ABENTEUER & SONSTIGES

Ziel dieses Ratgebers ist es, die konventionellen
Etappen und Ziele einer Reise aus dem Vordergrund
zu rücken. Klassische Städtetouren und von Touristen überlaufende Restaurants sind hier keine Emp-
fehlung. Daher finden Sie in diesem Abschnitt alles
Lohnenswerte, dass Sie in Prag unbedingt gesehen
haben sollten – von verrückten Museen über geheime Orte bis hin zu günstigen Abenteuern.

Prag beherbergt einige interessant und vielseitige Museen. Vom Schokoladenmuseum über das
Applemuseum bis hin zum Sexmuseum bietet Prag
ein vielfältiges Spektrum an interessanten Ausstellungen.

Chocotopia – Museum of Chocolate

Das Schokoladenmuseum Chocotopia bietet für etwa 350 CZK (12,6 EUR) nicht nur historische Informationen zur Entdeckung der Schokolade an, sondern Sie können auch ganz interaktiv Erfahrungen sammeln, beispielsweise beim Probieren der Schokolade und bei der Teilnahme an Workshops[43]. Zum krönenden Abschluss Ihres Besuches können Sie sich Ihre Lieblingsnascherei im dazugehörigen Shop kaufen.

Sex Machines Museum

Im weltweit einzigen Museum, welches Sexmaschinen und -spielzeugen gewidmet ist, können Sie auf 600 m² rund 350 Ausstellungsobjekte bewundern. Studenten bezahlen nur 150 CZK (5,4 EUR) für drei Etagen voller interessanter erotischer Exponate[44]. Wenn Sie nur einen Blick hineinwerfen möchten, können Sie im Eingangsbereich Ihr Sexualverhalten auf einem Stuhl bestimmen lassen.

Museum of Medieval Torture

Sie haben starke Nerven und möchten etwas besonders Aufregendes erleben? Dann sollten Sie sich das Museum of Medieval Torture nicht entgehen lassen[45]. Hier können Sie verschiedenste Foltergeräte aus historischen Zeiten besichtigen. Die

Gegenstände und die Geschichten dazu sind sowohl auf Tschechisch als auch auf Deutsch erklärt. Der Eintritt kostet Sie umgerechnet 8 Euro. In den Kellerräumen mit den grausamsten Foltergeräten kommt eine ganz besonders schaurige Atmosphäre auf. Das Museum ist daher nichts für schwache Nerven!

Musee Grévin

Ein lohnenswertes Gegenstück zu dem bekannten Madame Tussauds Wachfigurenkabinett ist das Grévin Wachsmuseum in Prag[46]. Studenten zahlen hier 340 CZK (12,3 EUR) für drei Etagen voll nationaler und internationaler Berühmtheiten aus Wachs.

Hamleys

Noch einmal Kind sein – das können Sie in einem der größten Spielwarengeschäfte, dem Hamleys[47]. Übertreten Sie dessen Schwelle, finden Sie sich zwischen zauberhaft kostümierten Mitarbeitern und magischen Attraktionen wieder. Hier können Sie Karussell fahren, eine lange Rutsche durch den ganzen Laden benutzen, Autorennen spielen und viele andere tolle Spielsachen ausprobieren. Auch für die Naschkatzen ist etwa dabei: In der obersten Etage finden Sie außergewöhnliche und internationale Süßigkeiten.

Beer Spa

Im Beer Spa könne Sie nicht nur so viel Bier konsumieren, wie Sie möchten, sondern auch ein Bad in Bier nehmen, eine Hopfensauna oder Bierbrot genießen[48]. Da diese Unterhaltung eine Leistung der besonderen Art ist, ist das Erlebnis nicht ganz günstig. Pro Person bezahlt man hier umgerechnet rund 50 Euro für eine Stunde umfassenden und vielseitigen Biergenuss.

Water Zorbing Prag

Wer selber aktiv werde möchte und sich Spaß bei sportlicher Bewegung wünscht, kann mit einer größeren Gruppe von Menschen sogenanntes Water Zorbing auf der Moldau buchen. Hierbei befindet man sich in luftgefüllten Plastikkugeln, welche auf das Wasser gelassen werden. Aber Achtung: Der Spaß ist anstrengender, als es aussieht! Pro Person bezahlen Sie rund 200 CZK (7,2 EUR).

Shopping in Prag

Viele möchten sich auch eine Shoppingtour in der unbekannten Großstadt nicht entgehen lassen. Die besten Läden finden Sie natürlich in der Altstadt und dort vor allem rund um den Wenzelsplatz. Befinden Sie sich an der zentralen Station Můstek, dann folgen Sie einfach der Straße Na Příkopě und Sie werden auf Ihrem Weg die meisten Shopping-Möglichkeiten finden. Am Ende der Straße bei der Station Náměstí Republiky (Platz der Republik) finden Sie das Palladium – ein Einkaufszentrum, das rund 180 Geschäfte und 30 Restaurants beherbergt[49].

Einen Besuch in den Restaurants hier sollten Sie jedoch vermeiden, wenn Sie auf Ihren Geldbeutel achten wollen. Neben den zahlreichen Ketten von bekannten Bekleidungsläden beherbergt Prag auch viele kleine Secondhandläden, die es sich zu besuchen lohnt. Im Abschnitt „Tipps für den kleinen Geldbeutel" sind die besten Secondhandläden für Sie aufgeführt.

Franz Kafka- Skulptur

Ein weiteres Einkaufszentrum befindet sich bei der Station Národní třída, zu der Sie von Můstek aus nur etwa 7 Minuten zu Fuß benötigen.

Ein Abstecher hierher lohnt sich aber nicht nur wegen der Einkaufsläden: Gehen Sie im Erdgeschoss des neuen Einkaufszentrums Quadrio einmal bis hinten durch, werden Sie eine 11 Meter hohe silberne Skulptur vorfinden, welche den Kopf des bekannten tschechischen Schriftstellers Franz Kafka darstellt[50].

Das Besondere: Die Skulptur ist in 42 bewegliche Ebenen gegliedert, sodass die Skulptur dauerhaft in Bewegung ist und das Gesicht des Schriftstellers nur ab und zu eine Einheit ergibt.

Paternoster Aufzug

Ein kleines Abenteuer können Sie erleben, wenn Sie die das Neue Rathaus (Nová radnice) betreten[51]. Hier finden Sie einen sogenannten Paternoster Aufzug – eine besondere Aufzugsform, bei der sich die Kabinen im ständigen Umlaufbetrieb befinden[52]. Der richtige Moment muss abgepasst werden, um die Aufzugskabine, die ca. 0.3 Meter pro Sekunde schnell ist, zu betreten.

Erreicht der Aufzug seine maximale Position, erleuchtet ein Exit-Schild. Wer mutig ist, muss den Aufzug dennoch nicht verlassen. Sie können gefahrlos die aufregende seitliche Drehung der Kabine miterleben. Bis 18 Uhr können Sie das Rathaus betreten, um diese außergewöhnliche Erfahrung zu machen.

Lucerna Passage

Ob Geschäfte, Restaurants, Café, Kino oder Disco: Die Lucerna Passage bietet alles[53]. Die Passage erreichen Sie, wenn Sie vom Wenzelsplatz aus die Štěpánská Straße entlanglaufen. Die Passage im modernistischen Stil ist schön anzusehen und wenn Sie den Blick auf die Wenzel-Statue von David Černý bei einem Kaffee genießen möchten, können Sie dies in der Café Bar des Lucerna Kinos tun. Hier sitzt man auf einem kleinen Balkon, welcher nach innen gerichtet ist und kann die Statue sowie die Architektur der Passage genießen.

Zu guter Letzt finden Sie hier noch einmal klassische Touristenattraktionen, die sich lohnen können, wenn Sie etwas weniger auf Ihre Finanzen achten müssen.

Bootstour

Eine Bootstour über die Moldau ist zwar überteuert, aber wenn Sie den Fluss und die Karlsbrücke trotzdem aus einer anderen Perspektive betrachten möchten, werden Sie auch nicht arm. Für junge Leute bieten sich diesbezüglich die Empfehlungen der jeweiligen Unterkünfte an, da von den ebenfalls jungen und oft internationalen Beschäftigten dort oft gute Angebote präsentiert werden. So können Sie zum Beispiel eine Bootstour mit Flatrate-Biertrinken für eine größere Gruppe buchen oder sogar Europas größte Bootsparty besuchen[54]. Für unter 20 Euro werden Sie diese Angebote jedoch nicht buchen können.

Bier-Fahrradtour

Sie sind in einer größeren Gruppe mit mindestens 10 Personen unterwegs und Sie wollen die Stadt sehen, dabei Bier trinken und nicht laufen? Dann ist eine private Bier-Fahrradtour für Sie das Richtige[55]. Pro Gruppe bezahlen Sie hier rund 350 Euro für 15 Personen, inklusive 90 Minuten Fahrrad-Verleih und 30 Liter Bier.

Wenn Sie die Stadt tagsüber zu Fuß besichtigen und abends eine der empfohlenen Bars besuchen, kommen Sie damit natürlich sehr viel günstiger weg. Aber wenn Sie Lust auf ein eher „luxuriöses" und touristisches Erlebnis haben, ist eine solche Bier-Fahrradtour möglicherweise eine passende Wahl für Sie.

Weihnachtsmarkt

Sollten Sie zu Weihnachtszeit in Prag sein, können Sie den Weihnachtsmarkt, der sich vom Allstädter Ring durch alle Straßen der Altstadt schlängelt, nicht verpassen. Prags Weihnachtsmarkt stand schon des Öfteren auf der Liste der schönsten Weihnachtsmärkte und das ganz zu Recht[56].

Auf dem Altstädter Ring ist der größte der vielen Weihnachtsmärkte Prags zu finden. Neben den klassisch-weihnachtlichen Ständen, die Glühwein, Lebkuchen und Handwerkskunst anbieten, können Sie hier einen beeindruckend großen, beleuchteten Weihnachtsbaum bewundern und verschiedenen weihnachtlichen Konzerten lauschen. Zwischen der bekannten Teynkirche, dem Altstädter Rathaus und den anderen kunstvollen Bauwerken schafft der Weihnachtsmarkt eine besonders zauberhafte Atmosphäre.

Auf dem Wenzelsplatz finden Sie den zweitgrößten Weihnachtsmarkt Prags. Hier präsentieren vor allem verschiedenste Handwerker ihre Kunst und Sie können beispielsweise Glasarbeiten oder Stahl- und Eisenkunstwerke bestaunen und erwerben.

TIPPS FÜR DEN KLEINEN GELDBEUTEL

In Prag lebt man günstig. Nicht nur öffentliche Verkehrsmittel, Restaurants und Kneipen kosten hier generell weniger als in Deutschland, auch das Leben abseits der touristischen Attraktionen ist hier vergleichsweise günstig[57]. Für Produkte aller Art (z.B. Alkohol, Benzin, regionale Produkte) sowie für Dienstleistungen (z.B. Unterkünfte, Friseure, Restaurants) bezahlen Sie in Tschechien bis zu 80 % weniger als in Deutschland.

Dennoch ist es möglich – mit ein paar Tipps und Tricks – Ihren Urlaub noch günstiger zu halten. In diesem Abschnitt finden Sie günstige Restaurants, Pubs, sowie Secondhand-Läden.

Kafe Damu
In der Karlova Straße wimmelt es zwar vor Touristenfallen, die Ihnen das Geld aus der Tasche ziehen wollen, aber diese kleine Café-Bar ist eine Ausnahme[58]. Hier bekommen Sie ein Bier schon für umgerechnet 70 Ct. Und abgesehen von günstigen Drinks bekommen Sie hier auch Frühstück, Mittagessen und Snacks.

Restaurant Jídelna Světozor

Folgen Sie der Tram-Linie vom Wenzelsplatz aus und betreten die Passage rechts neben dem Tram-Stopp, können Sie ein ganzes traditionell tschechisches Gericht inklusive Bier für nur 100 CZK (3,6 EUR) genießen. Innerhalb der Passage folgen Sie einfach den Schildern für das Bistro Jídelna Světozor[59]. Hier könne Sie zum Beispiel Guláš oder Svíčková genießen. Die Location ähnelt zwar einer Kantine, dennoch ist die Qualität des Essens gut.

Restaurant Repre

Ebenfalls zentral gelegen in der Nähe vom Wenzelsplatz finden Sie das Repre Restaurant[60]. Die Location befindet sich im Keller und ist im 50er- und 60er-Jahre Stil designt. Hier bekomme Sie ebenfalls ganze Menüs für etwa 100 CZK.

Na skleničku – eine All-You-Can-Drink-Wein Bar

So viel Wein wie Sie trinken möchten, bekommen Sie in der Weinbar Na skleničku für nur 333 CZK (12 EUR)[61]. Die Location liegt versteckt in einer Seiten-Passage der Jindřišská Straße (Nähe Wenzelsplatz) und ist ein echter Geheimtipp (Honest Guide). Die Weinbar zur Selbstbedienung bietet verschiedene Weine, andere Spirituosen, aber auch Snacks und nicht-alkoholische Getränke. Ein gemütliches

Ambiente, das von vielen Touristen unentdeckt bleibt.

Secondhand-Läden

Großstädte motivieren oft dazu, shoppen zu gehen und verleiten zu hohen Geldausgaben für oft unnötige Kleidungsstücke. Auch Prags Einkaufsmeile rund um den Wenzelsplatz ist für jemanden, der gerne Mode kauft, sehr verlockend. Bevor Sie drauf los shoppen, sollten Sie aber auch die zahlreichen und oft überraschend attraktiven Secondhand-Läden abklappern[62].

Ein beliebter Secondhand-Shop für Kleidung ist Genesis, welche in der Nähe der Station Národní třída zu finden ist. Hier bekommen Sie fast jedes Kleidungsstück für nur 99 CZK (3,5 EUR). Die Auswahl ist groß und die Angestellten sehr freundlich.

Eine sehr große Auswahl an günstigen Markenklamotten finden Sie im Secondhand & Outlet Krejčovství. Wer sich ein bisschen Zeit nimmt, kann mit etwas Glück hochwertige Marken-Kleidungsstücke für Männer und Frauen ergattern.

Einen Secondhand-Laden der besonderen Art finden Sie in der Jungmannova Straße, Nähe Národní třída. Das Hvězdný bazar verkauft Dinge aus dem Kleiderschrank und den Haushalten von Prominenten und Persönlichkeiten des öffentlichen Lebens.

Das Beste daran: Der Laden ist ein gemeinnütziger Verein - alle Einnahmen werden an Rollstuhlfahrer gespendet.

Abseits von Trubel – Geheimtipps

GEHEIME ORTE

So beliebt Prag als Urlaubsziel auch ist, so sehr sind die Straßen mit Touristen überschwemmt[63]. Wem das zu viel ist und wer generell an weniger belebten und dennoch lohnenswerten Orten interessiert ist, kann Prag auf eine andere Art kennenlernen.

Im Wesentlichen können Sie zwei Regeln befolgen, um dem Trubel der Menschenmassen zu entkommen:

Starten Sie Ihre Pläne in der Frühe – die meistbesuchten Plätze (Altstädter Ring, Karlsbrücke, Prager Burg) sind gegen 7 Uhr noch recht menschenleer[64]. Wem das zu früh ist, der sollte sich dennoch bis spätestens 9 Uhr vor dem Ansturm der Touristenmassen gerettet haben.

Die zweite Regel, die es zu befolgen gilt, wenn Sie große Menschenmassen vermeiden wollen, versteht sich von selbst: Vermeiden Sie die beliebtesten Orte.

Stehen Sie mitten auf einem der Hauptwege, welche den Wenzelsplatz und den Altstädter Ring verbinden, werden Sie schnell einen Strom von Menschenmassen wahrnehmen, der Sie automatisch zu den bekanntesten Plätzen der Prager Innenstadt führen wird. Lassen Sie sich davon mittragen, können Sie sich sicher sein, die wichtigsten Sehenswürdigkeiten nicht zu verpassen.

Wer jedoch den bekannten Pfad verlassen möchte, muss nur einen kleinen Schritt in eine der vielen Seitengassen wagen. Oft kann man dies wohl als einen Schritt in eine neue Welt bezeichnen. Menschenmassen sind hier fehl am Platz und trotzdem kann man hier das ein oder andere kleine Café finden, welches wunderbares Ambiente und Essen bietet und in dem sich eher die Einheimischen tummeln.

Joystick-Bar

Außerdem werden Sie feststellen, dass nicht nur auffällig viele Seitengassen zu finden sind, sondern auch sehr viele Passagen. Sehr oft lohnt sich das Betreten der Passagen, da hier oft interessante und gemütliche Cafés, Restaurant, Clubs oder andere coole Dinge zu finden sind.

Zum Beispiel findet man in der Staße Panská, die nur ein paar Minuten vom Wenzelsplatz entfernt liegt, nicht nur die All-You-Can-Drink Wein Bar Na skleničku, sondern direkt gegenüber auch noch eine Joystick-Spielebar[65]. Hier können Sie an verschiedenen Spielautomaten noch mal Kind sein und dabei sehr gute Cocktails genießen.

Seilbahn

Für den Besuch eines geheimen Cafés mit einem Eingang der besonderen Art überqueren Sie die Moldau zu Fuß oder mit der Tram und steigen bei der Station Anděl aus. Von hier aus laufen Sie zum Hotel NH Prague City. Wenn Sie das Hotel betreten, dann suchen Sie den Aufzug.

Dieser wirkt von außen vielleicht wie ein normaler Fahrstuhl, aber: Sie betreten eine Seilbahn, welche Sie auf einen kleinen Berg bringt, auf dem ein nettes Café gelegen ist. Die Fahrt ist kostenlos und Sie können den wunderschönen Ausblick genießen.

Das Café ist mit seiner Terrasse und dem zugehöri-gen Park ein romantischer und wirklich lohnens-werter Geheimtipp.

Vyšehrad (Prager Burg)

Jeder, der Prag besuchen möchte, hat vermutlich die bekannte Prager Burg Pražský hrad im Kopf. Dies ist jedoch nicht die einzige beeindruckende Burg, die es sich zu lohnen sieht. Eine etwas weniger besuchte Burg ist die Vyšehrad Burgstätte[66]. Auf der Karte scheint der älteste Sitz der tschechischen Fürsten weit entfernt vom Zentrum zu liegen, weshalb viele Touristen diese wunderschöne Location verpassen. Zu Fuß brauchen Sie nur etwa 20 Minuten oder Sie nehmen die Tram Richtung Výtoň.

Auf dem Weg zur Vyšehrad: Nationaltheater & Tanzendes Haus

Da Sie entlang und nahe der Moldau laufen können, werden Sie auf Ihrem Weg noch viele andere loh-nenswerte Sehenswürdigkeiten und geheime Orte finden. Starten Sie von der Karlsbrücke aus, können Sie als erstes das Nationaltheater Národní divadlo[67] bewundern, welches das bedeutendste Theater und Opernhaus Prags ist. Kurz nach seinem Bau 1881 brannte das Theater nieder und in nur 2 Jahren war genug Geld gesammelt worden, um das Gebäude wieder vollständig aufzubauen. Wenn Sie auf Ihrem Weg entlang der Moldau Hunger bekommen sollten, können Sie einen Abstecher in das Art Restaurant Mánes machen. Ein Stück weiter entlang des Flusses stoßen Sie auf das Tanzende Haus Tančící dům[68]. Die beiden aneinander lehnenden, dynamischen Türme sehen aus wie ein tanzendes Paar und fallen mit ihrer außergewöhnlichen und modernen Architektur sofort ins Auge. Das Gebäude beherbergt eine Kunstgalerie mit Ausstellungsstücken neuer Talente, außerdem ein Restaurant mit fantastischer Aussicht und ein Hotel.

Sollten Sie länger als ein paar Tage in Prag verbringen, lohnt es sich definitiv, diese eher unbekannten Orte in Prag zu besuchen. Nehmen Sie sich die Zeit und lösen Sie sich von den festgetrampelten Pfaden!

VERHALTENSTIPPS & HÖFLICHKEIT

Wie schon erwähnt: Als Tourist können Sie kaum schneller einen guten Eindruck machen, als eine paar tschechische Höflichkeitsformen zu sagen. Zu den wichtigsten Worten und Sätzen gehören auf jeden Fall „Dobrý den" („Guten Tag"), „Děkuji" („Danke"), „Prosím" („Bitte") und „Pardon" („Entschuldigung"). Je mehr Sie in der Landessprache sagen können, desto besser: Eine Bestellung oder einen anderen kurzen Satz auf Tschechisch zu sagen wird Ihrem Gegenüber definitiv einen höflichen Eindruck vermitteln.

Allgemein bekannt ist, dass in öffentlichen Verkehrsmitteln Sitzplätze für schwächere Personen freigemacht werden. In Tschechien schließt dies nicht nur ältere Menschen, schwangere Frauen oder Menschen mit Behinderung ein, sondern tatsächlich auch Kinder. Oft ist es schwierig zu beurteilen, wie sehr eine Person einen Sitzplatz benötigt, aber hier sollten Sie lieber einmal zu oft als einmal zu wenig aufstehen. Die Tschechen legen auf dieses höfliche Angebot großen Wert.

In privaten Unterkünften werden die Schuhe vor Betreten der Wohnung ausgezogen. Außerdem sollten Sie lieber darauf warten, bis Ihnen etwas zu trinken angeboten wird, als sich selbst zu bedienen.

In der tschechischen Gastronomie ist das Geben eines Trinkgeldes keine Pflicht[69]. Allerdings geben hier rund 80 Prozent der Gäste ein Trinkgeld. Je nachdem wie zufrieden Sie mit dem Service waren, sind 10 % aufwärts angemessen. Ein kleiner Hinweis: Hier wird nicht direkt mit dem enthaltenen Trinkgeld bezahlt. Üblicherweise wartet man bis man normal bezahlt hat und übergibt das Trinkgeld dann persönlich an den Kellner oder lässt es einzeln liegen. Als unhöflich gilt es, das Geld auf dem Tisch liegen zu lassen und das Lokal zu verlassen.

Generell gilt: Ein herzlicher Umgangston mit allen, aber vor allem älteren Einwohnern sollten Sie definitiv an den Tag legen, um einen guten Eindruck zu machen. In einer touristisch überfüllten Stadt wie Prag können Sie mit ein wenig Aufwand dazu beitragen, auf welche Weise die internationalen Besuche von den Einheimischen wahrgenommen werden und welchen Eindruck diese bei den Einwohnern hinterlassen.

LÄNGERER AUFENTHALT – WAS ES SONST NOCH ZU SEHEN GIBT

Sollten Sie einen längeren Aufenthalt in Prag geplant haben, beispielsweise einen studentischen Auslandsaufenthalt, brauchen Sie sich keine Sorgen zu machen, dass es Ihnen langweilig werden könnte. Abgesehen von der beeindruckenden Menge an Attraktionen, die bereits im Zentrum Prags zu erleben sind, liegt die Stadt Lage ganz perfekt, um andere sehenswerte Orte zu besuchen.

Burg Karlštejn

Die hochgotische Burg liegt etwa 30 km von Prag entfernt und ist sowohl mit dem Auto (ca. 40 Minuten Fahrtweg) als auch mit dem Zug erreichbar[70]. Die Burganlage wurde vom böhmischen König und römischen Kaiser Karl IV gegründet und im Jahr 1365 fertiggestellt. Der 60 Meter hohe Große Turm stellt das Wahrzeichen der Burg dar[71]. Wenn Sie schon einmal dort sind, lohnt sich ein zusätzlicher Besuch der Kalksteinbrüche Amerika oder der Tropfsteinhöhlen Koněprusy.

Brno

Die zweitgrößte Stadt Tschechiens ist Brno, welches etwa zwei Stunden von der tschechischen Hauptstadt Prag entfernt ist. Am einfachsten reisen Sie mit öffentlichen Verkehrsmitteln an. Mit nur 400.000 Einwohnern ist die Stadt relativ klein und Sie können Brno gut zu Fuß besichtigen. Für etwa 70 CZK (2,6 EUR) können Sie das Alte Rathaus Stará radnice und die etwa 160 Stufen des 63 Meter hohen Turms erklimmen, um die Aussicht auf die Stadt zu genießen[72].

Karlsbad (Karlovy Vary)

Ebenfalls zu empfehlen ist ein Besuch im wunderschönen Örtchen Karlsbad, das nur zwei Stunden Bus- oder Autofahrt von Prag entfernt liegt[73]. Das Wasser in den zahlreichen bezaubernden Springbrunnen, die es in der Stadt zu entdecken gibt, ist trinkbar.

Für etwa 10 CZK (36 Cent) bekommen Sie die berühmten Karlsbader Oblaten an jeder Ecke und in allen denkbaren Geschmackssorten. Eine kleine Wanderung durch den schönen Wald, um den Aussichtspunkt Diana zu besichtigen, lohnt sich auf jeden Fall. Der Ausblick vom Aussichtspunkt Kamzík ist ebenfalls fantastisch.

Pilsen (Plzeň)

Das berühmte tschechische Lagerbier Pilsen hat seinen Ursprung in der gleichnamigen Stadt. Mit öffentlichen Verkehrsmitteln brauchen Sie nur etwa eine Stunde, um von Prag aus dorthin zu fahren. Mit 138 Litern trinken die Tschechen im Vergleich zu anderen Ländern das meiste Bier pro Jahr[74]. Kein Wunder, dass Sie in Pilsen an verschiedenste Brauereitouren teilnehmen können. Doch Pilsen hat auch architektonisch viel zu bieten: Unter anderem lohnt sich eine Besichtigung des Platzes der Republik (Namesti Republiky) oder der großen Synagoge.

Sind Sie zum Beispiel im Rahmen eines Auslandaufenthaltes mehrere Monate in Prag, lohnen sich auch Wochenendausflüge in die Nachbarländer und deren sehenswerte Städte. Sowohl nach Wien, Budapest, als auch Bratislava brauchen Sie mit dem Bus nicht lange, um die besonderen Städte zu besuchen.

Ein Tag in Prag

Sollten Sie in Ihrem Urlaub nur einen Tag in Prag verbringen, sollten Sie diesen Tag gut planen, damit Sie keine der beeindruckenden Sehenswürdigkeiten, Attraktionen und Erlebnisse verpassen. Da Prag eine Vielzahl an Unterhaltungsmöglichkeiten bietet, kann es schwierig werden, die richtigen Prioritäten zu setzen.

Nachfolgend finden Sie eine von vielen Möglichkeiten, wie Sie Ihren Tagesausflug nach Prag optimal gestalten können, sodass Sie keine wichtigen Bauwerke oder andere lohnenswerte Orte zu verpassen und nicht gestresst von Ort zu Ort hetzen müssen.

Wie schon erwähnt sollten Sie die beliebtesten Sehenswürdigkeiten Prags in der Früh aufsuchen, um den hektischen Touristenmassen zu entkommen. Zu diesen Orten gehören definitiv das Prager Schloss und die Karlsbrücke. Wenn Sie um 8 Uhr die Karlsbrücke besichtigen und Ihren Weg zu Burg starten, haben Sie vor der Öffnung des Innenareals der Burg um 9 Uhr genug Zeit, die Architektur der Brücke und den wunderschönen Ausblick vom Außenareal der Burg zu bewundern. Wenn Sie um Punkt 9 Uhr das innere Gelände der Burgmauern betreten, sollten Sie um 10 Uhr wieder am Haupteingang der Burg eintreffen, wenn Sie den Wachpostenwechsel mitbekommen möchten.

Auf dem Rückweg Richtung Altstadt lohnt es sich, den gutbesuchten Hauptweg zu verlassen und in der weniger überfüllten Tržiště Straße einen Abstecher in das Bread Gap Café zu machen[75]. Hier bekommen Sie leckere hausgemachte Sandwiches, Salate und Dessert und Kaffee.

Eine ebenfalls wenig touristische Nebenstraße ist Vlašská. Im St. Martin bekommen Sie sowohl traditionell tschechische Küche als auch internationale Gerichte und Wein[76]. Das Ambiente mit dem kleinen ruhigen Innenhof ist sehr gemütlich und perfekt für eine Auszeit vom Touristen-Stress.

Wenn Sie nach Ihrer Pause Ihren Weg zu Altstadt fortsetzen möchten und nicht die jetzt schon überfüllte Karlsbrücke betreten wollen, nehmen Sie einfach den Weg über eine der anderen Brücken.

Einen Abstecher über die Brücke der Legionen (Most Legií) können Sie mit einer Besichtigung des Tanzenden Hauses und des Nationaltheaters verbinden, bevor Sie Richtung Národní třída laufen. Die Skulptur des Kopfes von Franz Kafka können Sie bewundern und von hier aus brauchen Sie nur etwa 6 Minuten bis zum Wenzelsplatz.

Sollten Sie in der Zwischenzeit schon Hunger bekommen, können Sie tschechische Cuisine, wie Svíčková oder Guláš im Next Door by Imperial Restaurant oder in einem der anderen zentralen Lokale, welche hier empfohlen wurden, genießen. Beim Altstädter Ring angekommen, können Sie den Veitsdom, die astronomische Uhr und das alte Prager Rathaus bewundern.

In der Altstadt haben Sie schier endlose Möglichkeiten, um Unterhaltung zu finden. Schauen Sie doch beispielsweise in eines der vielen Museen rein, besuchen Sie den Hamleys Spieleladen oder das jüdische Viertel.

Im Anschluss an Ihre Tour durch Prag bietet sich einer der oben genannten Pubs oder der Besuch in einer der Cocktailbars an. Auch wenn Prag eine Großstadt ist, lohnt es sich, die Stadt zu Fuß zu besichtigen. Auch wenn Sie abseits des Pfades gelangen, werden Sie die ruhigen und oft schönen Orte der Stadt bestaunen können. Eine Tour durch Prag lässt sich jedenfalls problemlos selbst planen, wenn Sie wissen, was Sie sehen möchten. Eine Stadtführung ist oft überteuert und deckt sich eventuell nicht mit Ihren Prioritäten.

Weitere Informationen

Wollen Sie noch mehr über Prag erfahren, schauen Sie sich unbedingt die YouTube-Videos auf dem Kanal von Honest Guide an[77]. Hier bekommen Sie nicht nur authentische Eindrücke vom Touristenleben, sondern auch vom echten Leben in Prag.

Von Touristenfallen über bekannte bzw. geheime Sehenswürdigkeiten bis hin zu den lohnenswertesten Bars, Restaurants und Café finden Sie hier alles, was für einen angemessenen Aufenthalt von Bedeutung sein kann.

Generell sollten Sie im Internet die klassischen

Touristenseiten vermeiden und sich zunächst Reise-blogs durchlesen. Sie sind schließlich nicht die erste Person, die eine Reise nach Prag plant. Die Erfahrungen anderer enthalten oft wertvolle Geheimtipps und kleine interessante Sehenswürdigkeiten, die Sie sonst übersehen hätten.

Und auch über einige Touristenfallen, die Sie vermeiden können, werden Sie beim Lesen sicherlich schon informiert. Persönliche Erlebnisse anderer sind außerdem meisten ehrlich, da Sie kein Geld mit ihren Blogs verdienen wollen. Sie sollten lieber auf die vertrauensvollen Erfahrungen eine Person hören, als auf die Ausführungen der bekannten Tourismusseiten, die im Internet zu finden sind.

Hier können Sie – nachdem Sie sich anhand anderer Privatquellen Ihre Lieblingsorte rausgesucht haben – zumindest etwas zur Geschichte dieser Sehenswürdigkeiten lesen.

Packliste

Geld & Finanzen

O (evtl.) Auslandswährung
O Bargeld
O Bauchtasche
O Brustbeutel
O Bauchtasche
O EC-Karte
O Kreditkarte
O Notfall-Telefonnummern der Banken
O Portmonee

Hygiene

O Haarbürste / Kamm
O Deo (klein)
O Shampoo
O Kulturtasche
O Sonnencreme

O Taschentücher
O Reise-Zahnbürste und Zahnpasta
O Verhütungsmittel

Kleidung

O Badeklamotten
O Gürtel
O Hosen kurz / lang
O Mütze / Cap / Hut
O Pullover
O Regenjacke
O Schlafanzug
O Socken
O Sonnenbrille
O Sportklamotten / Jogginghose
O T-Shirts
O Unterwäsche

Medikamente

O Blasenpflaster
O Anti-Durchfalltabletten

O Erste-Hilfe-Set

O Fiebertabletten

O Fiebertabletten

O Mückenschutz

O sonstige Medikamente

O Pflaster

O Kopfschmerztabletten

Unterlagen & Papiere

O ADAC Unterlagen

O Adresslisten für Postkarten

O Krankversicherungsnachweis

O Stadtplan

O Führerschein

O Unterlagen für die Unterkunft

O Wasserdichte Hülle für Reiseunterlagen

O Impfausweis

O Mietwagenunterlagen

O Personalausweis

O Reisepass

O Reisetagebuch

O evtl. Studentenausweis
O evtl. Visum
O Zug- / Bahn- / Flugticket

Taschen & Rucksäcke

O Koffer / Trolley / Reisetasche
O Regenhülle für Rucksack
O Rucksack

Schuhe

O Badeschlappen / Hausschuhe
O Schuhe und Wechselschuhe

Sonstiges

O Brille / Kontaktlinsen und Etui
O Buch zum Lesen
O Ohrenstöpsel und Schlafmaske
O Regenschirm
O Reisedecke
O Wasserflasche

O Wörterbuch

Elektronik

O Digitalkamera
O Handy
O Ladekabel
O Kopfhörer
O evtl. Steckdosenadapter
O Power-Bank

Herstellung und Verlag:

BoD – Books on Demand, Norderstedt

ISBN: 9783751983242

1. Auflage

Kontakt: Psiana eCom UG/ Berumer Str. 44/ 26844 Jemgum

Covergestaltung: Fenna Larsson

Coverfoto: depositphotos.com